Walt Disney

Das Dschungel Buch

Fensterbilder aus Tonkarton

Monika Gänsler

Frech-Verlag Stuttgart

Für alle Fans jetzt die

MICKY MAUS

als TOPP-Fensterbilder

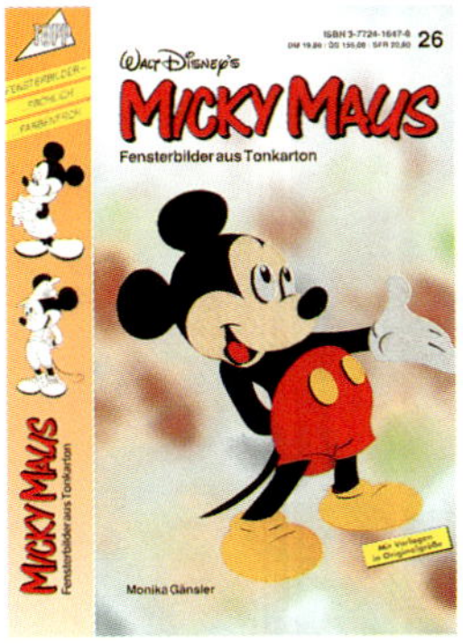

Monika Gänsler
Micky Maus
Fensterbilder aus Tonkarton

Ob hoch in den Lüften, in der Badewanne, als großer Zauberer und Künstler oder beim Nickerchen auf dem Mond - Walt Disneys Dauerbrenner Micky Maus schafft gute Laune als Fensterbilder für groß und klein.
32 Seiten A4, Farbfotos und Vorlagenbogen.

TOPP 1647 **ISBN 3-7724-1647-0**
EAN 9783 7724 16477 **PG 06, SG 01**

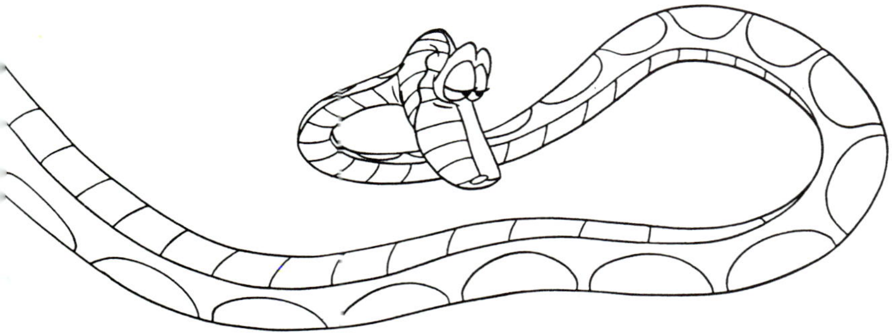

Projekt-Management: Anke Maresch
Fotos: Frech-Verlag GmbH + Co. Druck KG, D-70499 Stuttgart, Fotostudio Ullrich & Co., Renningen
Layout: Dieter Betz, Weissach

Auflage: 6. 5. 4. 3. | Letzte Zahlen
Jahr: 1998 97 96 95 | maßgebend

1993 erschienen im
frechverlag GmbH + Co. Druck KG, D-70499 Stuttgart

ISBN 3-7724-1686-1 · Best.-Nr. 1686

Druck: frechverlag GmbH + Co. Druck KG, D-70499 Stuttgart

Das „Dschungelbuch“
ist eine der bekanntesten Geschichten von Walt Disney,
die als Zeichentrickfilm groß und klein verzaubert hat.
Denn Mogli, das kleine Findelkind,
das nichts als Unsinn im Kopf hat, muß man
einfach lieben. Und da wären ja auch noch Balu
und Baghira, die beiden Freunde, die den Jungen
zurück ins Menschendorf bringen sollen,
weil der Tiger Shir Khan auf der Lauer liegt.
Da mangelt es natürlich nicht an Abenteuern:
Mogli sorgt für gewaltige Unordnung
in der Elefantenpatrouille, kann sich in letzter Sekunde
vor der Schlange Kaa retten, und seine Freunde
sind immer für ihn da. Bis zu jenem Tag,
als Shir Khan den kleinen Menschenjungen
aufgespürt hat ...

Doch sehen Sie selbst, was im Dschungelbuch
passiert, lassen Sie Ihre Fenster und Wände die
Geschichte vom kleinen Findelkind Mogli erzählen!

Viel Spaß beim Basteln wünscht Ihnen Ihre
Monika Gänsler

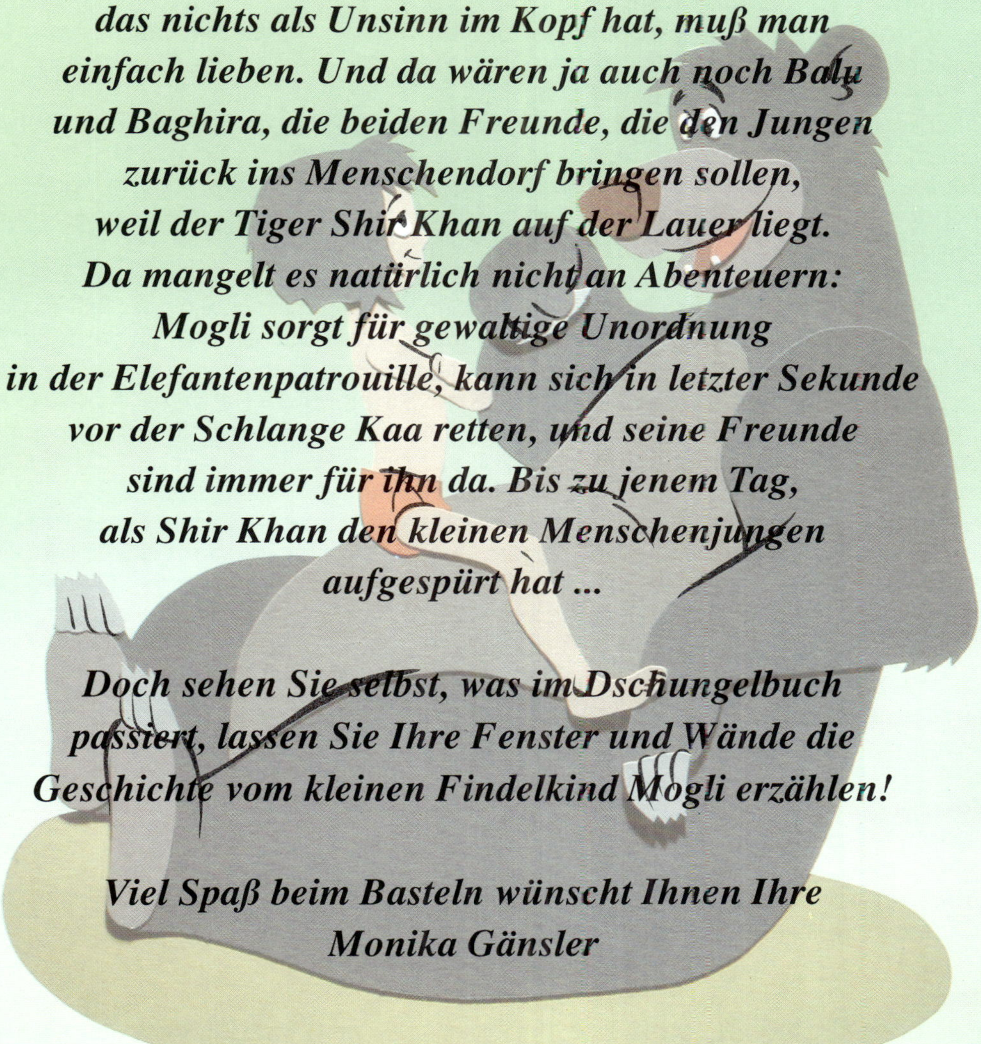

Bastelanleitung:

Bei allen Texten wird jeweils die Gestaltung der Vorderseite beschrieben; die Rückseite muß also dementsprechend deckungsgleich gearbeitet werden. Das heißt, Sie müssen die meisten Motivteile doppelt ausschneiden. Beachten Sie die Reihenfolge beim Aufkleben.
Bevor Sie Schablonen eines Bildes anfertigen, sollten Sie entscheiden, ob Sie einzelne Teile eventuell später lieber aufmalen. Moglis Augen sind zum Beispiel sehr klein, sie lassen sich mit einer deckenden weißen Farbe sehr gut gestalten.

Anfertigung der Schablonen:
Die einzelnen Teile auf dem Vorlagenbogen werden mit Bleistift auf Transparentpapier (evtl. auch Butterbrotpapier) übernommen. Die Zeichnungen kleben Sie auf Pappe und schneiden sie exakt aus.
Mit diesen Schablonen werden die Umrisse auf den ausgewählten Tonkarton übertragen. Falls die Farbe Ihres Bastelpapiers den Originalen auf den Fotos nicht entspricht, lassen Sie sich nicht stören: Das Wichtigste ist, daß Ihre Farben harmonieren und daß das Gesamtbild stimmt. Die auf Tonkarton (Fotokarton) aufgezeichneten Teile werden exakt ausgeschnitten und zusammengesetzt.
Bei allen Motiven finden Sie auch Innenlinien, die Sie mit einem schwarzen Stift auf Ihr Fensterbild aufzeichnen sollten. Um die richtige Position zu finden, hilft folgender Trick: Legen Sie auf den Vorlagenbogen Transparentpapier, und übertragen Sie die gewünschten Linien mit Bleistift, wenden Sie das Transparentpapier, und ziehen Sie die Linien auch auf dieser Seite nach. Legen Sie es auf Ihr Fensterbild oder auch auf einzelne Teile, und zeichnen Sie die Linien nach; dabei überträgt sich der auf der Unterseite haftende Graphit auf das Bild. Auf diese Weise lassen sich auch Klebestellen markieren.
Bei den Armen wird nur der Schulterbereich festgeklebt, so lassen sich später die Hände noch leicht nach außen biegen. Ihr Fensterbild bekommt damit mehr Tiefe!
Halten Sie das fertige Motiv zwischen Daumen und Zeigefinger, und suchen Sie den Aufhängepunkt. Mit Nadel und Faden wird das Bild an dieser Stelle durchstochen.

Bastelmaterial:
Für die Herstellung dieser Fensterbilder wurde in den meisten Fällen
Tonkarton (Fotokarton) verwendet; Ausnahmen sind besonders gekennzeichnet.

Werkzeug:
- eine mittelgroße, spitze Schere für Umrisse und grobe Arbeiten
- eine kleine, spitze Schere für exakte, feinste Ausarbeitungen
- eine halbrunde Nagelschere für kleine Rundungen
- Cutter für schwer zugängliche Stellen

Klebstoff:
Als besonders günstig haben sich Klebestifte erwiesen, da bei Flüssigkleber die Gefahr besteht, daß er hervorquillt.
Damit zusammengeklebte Teile beim Trocknen nicht verrutschen, kann man sie mit Wäscheklammern zusammenhalten. Klebstoffspuren beseitigen Sie am besten mit einem Radiergummi.

Stifte:
Ein schwarzer Stift zum Konturieren ist wichtig, Sie können auch verschiedene andere Buntstifte zum Aufmalen benutzen.

Ein ungewöhnlicher Fund (Abb. S. 7)

Farben:
3 verschiedene Grautöne, Anthrazit, Gelb, Hellgelb,
Braun, Hellbraun, Weinrot, Rosa, 2 verschiedene dunkle Brauntöne,
Dunkelgrün, Hellgrün, Rotbraun, Blau, Weiß

Vorarbeiten:
1. Baghira:
Baghira wird von vorne auf ein Baumstammteil geklebt. Nun von hinten den Schwanz, das linke Ohr, das linke Hinterbein sowie das linke Vorderbein fixieren. Baghira erhält sein rechtes Ohr, die graue Mundpartie, die weinrote Nasenspitze, sein Auge und die Zunge. Die Innenfläche des Baumstammes nicht vergessen.
2. Körbchen:
Das Körbchen wird mit einem rotbraunen Innenteil und mit weißem Tonkarton als Tuch dekoriert.
3. Boot:
Der dunkelgraue Bootsrumpf erhält von vorne das dunkelbraune Bodenteil, den hellgrauen Rand und das vorgefertigte Körbchen.

Hinter die hellgelbe Bodenfläche werden die Wasserfläche, das linke dunkelgrüne Grasteil und der Stamm mit Baghira geklebt.
Nun von vorne die beiden hellgrünen Grasteile sowie den dunkelbraunen Stein fixieren.
Mit einem schwarzen Stift werden die Konturen aufgemalt.

Was tun? (Abb. S. 7 unten)

Farben:
Anthrazit, Grau, Weinrot, Gelb, Grün, Hellgrün, Weiß, Rotbraun, Hellgelb

Vorarbeiten:
Körbchen:
Kleben Sie auf das Körbchen das rotbraune Innenteil und den weißen Tonkarton als Tuch.

Der als Ganzes ausgeschnittene Körper von Baghira erhält von vorne die gelben Augen, die graue Mundpartie, das dunkelgraue Nasenteil und danach die weinrote Nasenspitze. Von hinten fixieren Sie den Schwanz und das linke Vorderbein sowie das linke Hinterbein. Dann bringen Sie Baghira, das fertige Körbchen und die Gräser auf der Grasfläche an. Mit einem schwarzen Stift das Bild vervollständigen.

Gute Freunde (Abb. S. 9)

Farben:
2 verschiedene Grautöne, Anthrazit, Hautfarben, Weiß, Rot, Weinrot, Gelb, Hellgelb, Grün

Vorarbeiten:
Wolfskinder:
Beide Wolfskinder erhalten jeweils von vorne ihren hellgrauen Brustfleck, die Mundpartie, die Augenpartie mit den gelben Augen, die weinrote Nasenspitze und das hellgraue Ohreninnere. Von hinten wird jeweils das linke Vorderbein angebracht; das linke Wolfsjunge erhält zudem noch einen grauen Bauchfleck, den Sie ebenfalls von hinten aufkleben.

Die Vorlage gibt Ihnen Positionierungshilfen, wo Sie die Wolfskinder auf der gelben Bodenfläche anbringen sollten. Über dem rechten Wolfskind wird der grüne Stein positioniert. Nun von vorne Moglis Hose anbringen, darüber sein rechtes und danach das linke Bein fixieren. Den Oberkörper des kleinen Findeljungen ankleben. Dann wird von vorne der linke und von hinten der rechte Arm angebracht.

Es begann mit jenen seltsamen Lauten, die der weise Panther Baghira eines Tages im Dschungel hörte .... in den Trümmern eines Bootes lag ein Baby und schrie - ein Menschenjunges!
Baghira hatte Mitleid mit dem kleinen Bündel
und brachte es zur Wolfsfamilie.

Der Daumen des rechten Armes sitzt auf dem rechten Oberschenkel; auf dem linken Oberschenkel fixieren Sie die linke Hand. Von vorne den Kopf anbringen, die Augen und die Haare aufkleben. Von hinten das kleine Haarteil ergänzen.
Mit einem schwarzen Stift die Innenlinien vervollständigen.

Auf dem Weg zum Menschendorf (Abb. S. 9 unten)

Farben:
Anthrazit, Grau, Weinrot, Rot, Rosa, Weiß, Dunkelbraun, Hellbraun, Hellgrün, Dunkelgrün, Hellrot, Hautfarben

Vorarbeiten:
1. Moglis Kopf:
Auf das Kopfteil wird von vorne das Haarteil aufgeklebt.
2. Baghiras Mundpartie:
Kleben Sie von vorne auf das graue Mundteil die weinrote Nasenspitze, die rote Mundhöhle, die rosafarbene Zunge und die weißen Zähne. (Die Zähne können auch aufgemalt werden.)

Hinter dem Ast werden die Blätter und Baghiras Körper fixiert. Nun von vorne das linke Vorderbein, die Vorderpfote, die Mundpartie, das Hinterbein und die Hinterpfote anbringen.
Auf die Vorderseite wird Moglis Oberkörper und seine Hose geklebt. Legen Sie Baghiras Schwanz von vorne auf das Fensterbild, und schieben Sie den Anfang des Schwanzes hinter Moglis Rücken; kleben Sie ihn fest. Auf die Vorderseite des Bildes wird Moglis linker Arm, danach der rechte Arm, das Bein, der vorgefertigte Kopf und das Bauminnere geklebt.
Nun fehlen noch die Innenlinien, die mit einem schwarzen Stift ergänzt werden.

Dort tollten gerade so viele Wolfsjungen umher, daß der kleine Findling kaum auffiel. Und die Wolfsmutter nahm das Menschenjunge auch tatsächlich an. So wuchs der Kleine mit den Wolfskindern auf.

Viele Jahre gingen ins Land, Mogli - so hieß der Junge - war zu einem kräftigen Buben herangewachsen. Er hatte viele Freunde und war glücklich bei seiner Wolfsfamilie. Bis zu jenem Tag, als Baghira von Shir Khan berichtete, dem gefährlichen Tiger, der Mogli töten wollte. Seine Freunde beratschlagten lange, aber es blieb keine andere Lösung: Mogli mußte zurück zu den Menschen. Und so machten sich der Junge und sein Freund Baghira auf den Weg ...

Oberst Hathi und seine Dschungelpatrouille

Farben:
3 verschiedene Grautöne, Cremefarben, Hellbraun, Braun, Weinrot, Hautfarben, Zartrosa, Curry, Hellgrün, Anthrazit

Oberst Hathi
Vorarbeiten: *Ohr:*
Von vorne das zartrosafarbene Ohrinnenteil auf das graue Ohr kleben.

Von hinten werden der linke Zahn, die linke Ohrspitze, das linke Vorderbein, das linke Hinterbein und das Stockende aufgeklebt. Von vorne erhält Oberst Hathi den rechten Stoßzahn, das rechte Ohr sowie zwei anthrazitfarbene Fußsohlen, die cremefarbenen Fußnägel und den vorderen Stockteil mit den Blättern.
Mit einem schwarzen Stift den Elefantenchef vervollständigen.

Die beiden anderen Elefanten
Vorarbeiten: *Die Ohren:*
Die Ohren werden mit dem dazugehörenden Ohrinneren beklebt.

Von hinten werden das linke Ohr und die linken Vorder- und Hinterbeine fixiert. Beim hinteren Elefanten kommen noch der linke Stoßzahn und sein Schwanz hinzu. Nun von vorne das rechte Ohr, die Fußsohlen, die cremefarbenen Zehen, den Mund und eventuell den anderen Stoßzahn ankleben.
Mit einem schwarzen Stift die Gesichter und die Falten der Körper aufmalen.

Doch auch die Ermahnungen von Baghira behüteten Mogli nicht vor gefährlichen Situationen - oft war es nur der schnellen Hilfe des klugen Panthers zu verdanken, daß Mogli nichts geschah.
Er rettete den Jungen auch vor Kaa, der hinterhältigen Schlange, die in dem Kind einen willkommenen Leckerbissen sah.
Aber all diese Gefahren hatte Mogli meist schnell vergessen, denn im Dschungel warteten viele Abenteuer, zum Beispiel der Aufmarsch der Dschungelpatrouille: Oberst Hathi und seine Truppe waren unterwegs.

1, 2 ... im Gleichschritt!

Mogli

Farben:
Anthrazit, Hautfarben, Rot, Gelborange, Hellgrün

Von vorne kleben Sie auf den Körper den linken Arm, die rote Hose, die anthrazitfarbenen Haare und danach das linke Bein. Von hinten den rechten Arm und das rechte Bein fixieren. Setzen Sie Mogli nun auf die Grasfläche. Mit einem schwarzen Stift das Bild überarbeiten. Den kleinen Schmetterling nicht vergessen.

Elefantenbaby

Farben:
3 verschiedene Brauntöne, Hautfarben, Cremefarben, Gelborange, Hellgrün

Vorarbeiten:
Ohr:
Das Ohr, das aus zwei verschiedenfarbigen Tonkarton-Teilen besteht, wird zusammengesetzt.

Nun den Körper des Elefantenbabys von vorne mit dem Schwänzchen, dem Ohr, dem Haarschopf und danach mit dem linken Hinterbein bekleben. Von hinten das rechte Vorderbein fixieren. Dann bekommt der kleine Kerl seinen Platz auf der Grasfläche. Das Bild ist fertig, wenn die braunen Sohlen, die cremefarbenen Fußnägel und der Schmetterling aufgeklebt sind. Mit einem schwarzen Stift werden die Konturen ergänzt.

Da war Mogli nicht zu halten, schon marschierte er dem kleinen Elefantenbaby hinterher!

Ein Küßchen in Ehren....!

Farben:
Anthrazit, Hautfarben, Weiß, Rot, Creme, 3 verschiedene Brauntöne, Hellgrün, Gelborange

Mogli:
Auf Moglis Oberkörper werden von vorne die rote Hose, der linke Arm, die Haare und dann das linke Bein angeklebt. Nun von hinten den rechten Arm und das rechte Bein fixieren. Nützen Sie die Vorlage als Positionierungshilfe. Zum Schluß wird Mogli auf die Grasfläche geklebt.

Elefantenbaby:
Das aus zwei Teilen bestehende Ohr zusammenstellen. Dann von vorne das Ohr, die Fußnägel und danach die Haare fixieren. Von hinten das linke Vorderbein und das Schwänzchen mit dem dunkelbraunen Schwanzende anbringen. Jetzt den kleinen Elefanten so auf die Grasfläche setzen, daß der Rüssel Moglis Gesicht teilweise bedeckt.
Nun fehlen noch die Augen, mit einem schwarzen Stift wird das Bild vervollständigt. Zum Schluß die Grasfläche mit kleinen gelborangen Ovalen ausschmücken.

Nur mit den Befehlen von Oberst Hathi
hatte Mogli ein bißchen Probleme.
Und was passiert, wenn alle anderen
die Richtung ändern, nur einer nicht?

Aber... das ist ja ein Menschenjunges!

Farben:
Grau, Hellgrau, Anthrazit, Hautfarben, Weiß, Cremefarben, Zartrosa, Braun, Grün

Vorarbeiten:
1. Moglis Oberkörper:
Der Kopf wird mit den Haaren und dem Auge beklebt.

2. Moglis Beine:
Moglis rechtes Bein liegt hinter dem linken.

3. Kopf des Elefanten:
Das Auge, das zartrosafarbene Ohrinnere und den Stoßzahn anbringen.

4. Hinterbeine des Elefanten:
Auf die beiden Hinterbeine die cremefarbenen Fußnägel ankleben.

Nun werden von hinten beide Hinterbeine und von vorne der Kopf angebracht. Moglis Oberkörper und seine Beine sitzen hinter dem Rüssel. Kleben Sie von vorne Moglis Arm, den Stock mit den Blättern und die cremefarbenen Fußnägel an. Mit einem schwarzen Stift wird das Bild noch vervollständigt.

Oberst Hathi wollte da doch für Ordnung sorgen -
und was mußte er entdecken?
Ein Menschenkind in seiner Patrouille,
das für das ganze Durcheinander verantwortlich war ....,
die Rüsselkontrolle hatte es ans Tageslicht gebracht!
Nur Baghira konnte den aufgebrachten Oberst beruhigen,
denn eigentlich war Mogli ja auf dem Weg
zu den Menschen.

Balu, der lustige Bär

Farben:
Anthrazit, 3 verschiedene Grautöne, Weinrot, Rot, Rosa, Weiß, Hellgrün, Gelb, Curry, Rotbraun, Grün

Vorarbeiten:
1. Palme:
Besonderheit: Die Palmwedel können einzeln oder auch als Ganzes aus Tonkarton oder eventuell Tonpapier ausgeschnitten werden.
Kleben Sie die kleinen rotbraunen Teile von vorne, die Palmwedel von hinten an den Stamm. Die Verzierungen des Stammes können auch mit einem braunen Buntstift aufgemalt werden.

2. Balus Mundpartie:
Die hellgraue Mundpartie erhält von vorne die weinrote Nasenspitze, die rote Mundhöhle, die rosafarbene Zunge und die weißen Zähne. Falls Ihnen diese Schneidearbeit zu diffizil ist, können Sie die Zähne auch aufmalen.

3. Balus Arme:
Auf die Arme werden jeweils von vorne die hellgrauen Krallen aufgeklebt.

Die vorgefertigte Palme auf dem Grasteil anbringen. Balus kompletten Körper von vorne fixieren; nun die graue Bauchfläche und die Arme aufkleben. Die Füße mit den hellgrauen Krallen ergänzen. Als nächstes die Mundpartie fixieren und den Stein aufkleben. Mit einem schwarzen Stift wird Balu überarbeitet.

Und dann lernte Mogli
den Bären Balu kennen, einen lustigen Gesellen,
der nichts als Unsinn im Kopf hatte.

Zwei dicke Freunde (Abb. Titelseite)

Farben:
3 verschiedene Grautöne, Anthrazit, Weinrot, Rot, Rosa, Weiß, Hautfarben, Hellrot, Grün

Vorarbeiten:
1. Mogli:
Bringen Sie die Haare und das Auge an.

2. Balus rechte Pfote:
Zuerst die hellgrauen Krallen von hinten fixieren, dann am Arm anbringen.

3. Balus linker Arm:
Hier sitzen die Krallen auf der Pfote.

4. Balus rechtes Bein:
Von vorne werden die Sohle und die hellgrauen Krallen angeklebt.

5. Balus Mundpartie:
Die weinrote Nasenspitze, die rote Mundhöhle, die rosafarbene Zunge und danach die weißen Zähne fixieren; die Zähne können auch mit weißer Farbe aufgemalt werden!

Der Bärenkörper wird von vorne mit der Mundpartie, den Augen, dem grauen Bauch, dem linken Arm, mit der Sohle des linken Fußes und mit den hellgrauen Krallen ergänzt. Von hinten erhält Balu seinen rechten Arm und das rechte Bein. Nun wird der Bär auf die Bodenfläche geklebt. Jetzt auf der Vorderseite Moglis rote Hose ankleben und sein Bein fixieren. Von hinten wird der vorgefertigte Oberkörper an die rote Hose geklebt. Moglis rechter Arm muß Balus rechten Arm berühren. Fingerspitzen nicht vergessen!
Mit einem schwarzen Stift wird das Fensterbild konturiert!

Eine kleine Ruhepause (Abb. S. 21)

Farben:
3 verschiedene Grautöne, Anthrazit, Weinrot, Rot, Rosa, Weiß, Hellrot, Hautfarben, Hellgrün, Dunkelgrün, Hellrosa, Blau

Vorarbeiten:
1. Balus linkes Bein:
Die Sohle und danach die Krallen ankleben.

2. Balus Mundpartie:
Die graue Mundpartie wird von vorne mit der weinroten Nasenspitze, der roten Mundhöhle, mit der rosafarbenen Zunge und mit den weißen Zähnen ergänzt. (Die Zähne können auch aufgemalt werden!)

3. Mogli:

Kleben Sie auf das rote Hosenteil von vorne das linke Bein und den Oberkörper, dann das Haarteil fixieren.
Als nächstes Moglis rechten Arm und darüber den linken Arm anbringen. Nun die Finger der rechten Hand auf den linken Arm kleben. Zum Schluß das Gesicht samt Augen auf den Haaren fixieren.

Auf die Wasserfläche wird Balus Körper geklebt. Der Bauch bekommt sein hellgraues Bauchteil und das rechte Bein die Krallen. Dann den rechten Arm fixieren und die Mundpartie des Bären anbringen.
Jetzt darf Mogli seinen Platz auf Balus Bauch einnehmen. Von hinten wird Moglis rechtes Bein angeklebt und die Wasserfläche mit einer Seerose ausgeschmückt. Mit einem schwarzen Stift noch die fehlenden Konturen ergänzen.

Schnell wurden die beiden dicke Freunde, die sich gemeinsam auf Abenteuersuche im Dschungel machten. Was war das für ein tolles Leben!

Eine Ruhepause auf dem Fluß - da dachte keiner mehr an die Gefahren, die im Dschungel lauern... Aber nicht lange, bis die beiden von der frechen Affenbande entdeckt wurden. Und schon war Mogli in ihrer Gewalt.

King Loui (Abb. S. 23 oben)

Farben:
Rotbraun, Orange, Lila, Hautfarben, Hellblau, Gelb, Gelborange, Grün

Vorarbeiten:
Kopf:
Das hautfarbene Mundteil erhält von vorne die lilafarbene Stirn, die hellblauen Augenteile und danach den rotbraunen Haarschopf samt Ohr. Von hinten das kleine rotbraune Haarteil von der linken Kopfseite fixieren.

Kleben Sie auf den Körper von vorne das orangefarbene Bauchteil, das rechte Bein, dann den rechten Unterarm und von hinten das linke Bein. Jetzt die Finger- und Fußnägel anbringen und den Kopf fixieren. King Loui wird auf die grüne Bodenfläche geklebt.
Die Wiese wird mit einer Bananenschale und zwei ganzen Bananen dekoriert. Mit einem schwarzen Stift das Bild vervollständigen.

Zwei begabte Tänzer (Abb. S. 23 unten)

Farben:
3 verschiedene Grautöne, Anthrazit, Rosa, Gelborange, Orange, Hautfarben, Rotbraun, Weinrot, Lila, Hellblau, Grün

Nur - Baghira und Balu wären keine echten Freunde, wenn sie Mogli in dieser Situation allein lassen würden! Gemeinsam machten sie sich auf den Weg zur alten Ruinenstadt, wo der Affenkönig King Loui herrschte.

Dort ging's drunter und drüber, wild wurde Mogli von der Affenbande hin- und hergezerrt, das war ein richtiger Affentanz! Plötzlich war da auch ein riesiger Affe, der ein tolles Tänzchen zum besten gab. Und wer war der mutige Tänzer? Natürlich Balu, der - mit Baströckchen und Kokosnußmaul verkleidet - seinen Freund retten wollte. Bis, ja, bis zu dem Moment, wo Lendenschurz, Perücke und Kokosnuß in alle Himmelsrichtungen flogen - Balu war entdeckt! Zum Glück war Baghira da zur Stelle, Mogli und Balu kamen mit heiler Haut davon!!

Vorarbeiten:
1. Balus linker Arm:
Auf das Armteil von vorne die hellgrauen Krallen kleben.

2. Balus rechtes Bein:
Das Bein bekommt von vorne die graue Sohle und die hellgrauen Krallen.

3. Balus linkes Bein:
Auch hier fixieren Sie die hellgrauen Krallen von vorne.

4. King Louis Kopf:
Die hautfarbene Mundpartie wird von vorne mit dem Mundinneren, der Zunge und der Stirn dekoriert. Als nächstes den Haarschopf, das lilafarbene Ohr und die Augen fixieren.

Balu und King Loui werden folgendermaßen gearbeitet:
Balus Körper erhält von vorne die gelborange Perücke, das Ohr, die graue Mundpartie, danach die rotbraunen Kokosnußhälften und die rosafarbene Zunge. Nun den grauen Bauch, den linken Arm sowie die Krallen des rechten Armes fixieren. Dann das rechte Bein und das gelborange Röckchen anbringen, von hinten folgt das linke Bein. Die fertige Vorderseite wird auf die Grasfläche geklebt.
Auf King Louis Körper werden von vorne das orange Bauchteil, der Kopf, das rechte Bein mit der lilafarbenen Fußfläche, die lilafarbene Handfläche sowie die Fingernägel der rechten und der linken Hand ergänzt. Von hinten das linke Bein mit den Fußnägeln ankleben. King Loui wird so auf die Grasfläche geklebt, daß sein linker Arm auf Balus rechtem Arm sitzt.
Mit einem schwarzen Stift die beiden Tänzer vervollständigen.

Gefahr im Verzuge (Abb. S. 25)

Farben:
Anthrazit, Hautfarben, Hellgelb, Rot, Weiß, Hellblau, Lila, Hellgrün, Hellbraun, Braun

Besonderheit:
Der zusammengedrehte Schlangenkörper wird als Ganzes aus hellgrünem Tonkarton ausgeschnitten. Der Hals mit Kopf und das Schwanzende sind extra angefertigt.

Vorarbeiten:
Kaa:
Dekorieren Sie die hellgrüne Vorderseite mit den hellbraunen Bauchteilen, danach werden die braunen Flecken fixiert oder auch aufgemalt. Kaas Hals mit Kopf wird mit der hellbraunen Unterseite, mit der Mundpartie, mit den Flecken und den Augen ergänzt.

Geben Sie Mogli von vorne die anthrazitfarbenen Haare, das Auge, die rote Hose und darauf das linke Bein. Von hinten wird das rechte Bein ergänzt. Mit Hilfe

der Vorlage finden Sie die richtige Position des mutigen Kämpfers. Vergessen Sie bei Kaa das Schwanzende nicht. Nun wird alles so auf die Bodenfläche geklebt, daß die Schlange über Moglis rechtem Bein sitzt. Der fertige Schlangenhals wird angeklebt; jetzt erst darf Moglis Arm fixiert werden. Dieser Arm verbindet die beiden Körper und verleiht dem Bild Stabilität. Konturen ergänzen.

Auch dieses Abenteuer war schnell vergessen, Balu und Mogli setzten ihren Weg in Richtung Menschendorf fort.
Es dauerte nicht lange, bis die nächste Gefahr auftauchte - die Schlange Kaa hatte Mogli wiederentdeckt, diesen kleinen Jungen, der einen herrlichen Leckerbissen versprach. Aber womit keiner gerechnet hatte, hier bekam Mogli ganz unerwartet Hilfe:
Der schreckliche Tiger Shir Khan stürzte sich auf Kaa, und Mogli konnte flüchten. War er damit auch außer Gefahr?

Vier lustige Gesellen

Farben:
3 verschiedene Grautöne, Rot, Anthrazit, Dunkelgrün, Rotbraun, Weinrot, Hellgelb, Weiß, Zartrosa, Hautfarben, Hellbraun, Braun, Dunkelbraun

Vorarbeiten:
1. Dizzy (ganz rechts):
Das hautfarbene Kopfteil erhält von vorne das rote Schnabelinnere, den braunen Haarschopf und die weinrote Schnabelspitze.
Die rotbraunen Beine sitzen hinter dem grauen Federkleid.

2. Flaps (zweiter von rechts):
Das zartrosafarbene Kopfteil wird von vorne erst mit den Augen, mit der weinroten Schnabelspitze, dem hellgelben Haarschopf und dem roten Schnabelinneren ergänzt. Von hinten den Hals am Kopf und das Bein am Bauchteil befestigen.

3. Buzzy (zweiter von links):
Das hellbraune Kopfteil erhält die weinrote Schnabelspitze.

4. Ziggy (ganz links):
Das rotbraune Kopfteil wird mit dem weißen Auge, der weinroten Schnabelspitze und dem dunkelbraunen Haarschopf dekoriert.

Da die Vierer-Parade in einem Stück ausgeschnitten wird, müssen Sie dieses große Teil zuerst am grünen Ast fixieren - die Vorlage gibt Ihnen Positionierungshilfe. Dizzy bekommt zuerst sein graues Flügelinneres, darüber das Hosenteil mit den Beinen, den hellgrauen Federkragen, dann den vorgefertigten Kopf.

Flaps geben Sie von vorne seinen grauen Bauch mit dem Bein, den hellgrauen Federkragen und darauf den Kopf.

Ebenfalls von vorne wird Buzzy mit dem grauen Flügelinneren, dem Bauch und den rotbraunen Krallen ergänzt. Nun folgen der Federkragen und der Kopf.

Natürlich darf Ziggy nicht fehlen:
Von vorne das graue Flügelinnere anbringen, darüber das Bauchteil, die rotbraunen Krallen, den rechten anthrazitfarbenen Flügel, danach den hellgrauen Federkragen. Zum Schluß den vorgearbeiteten Kopf fixieren und alle vier mit Innenlinien ergänzen.

*Am Ufer des Schwarzen Sees hatte Mogli sich
vor Shir Khan versteckt. Dort traf er auch die vier Geier,
das waren lustige Gesellen, die ihn mit ihrem
Geplappere die Furcht vor dem schrecklichen Tiger
fast vergessen ließen - bis
ein schreckliches Gebrüll durch die Luft dröhnte!*

Der Tiger Shir Khan, Moglis größter Feind

Farben:
Orange, Grau, Hellbraun, Weiß, Dunkelgrün, Grün, Dunkelbraun

Vorarbeiten:
1. Grasfläche:
Dekorieren Sie die grüne Grasfläche von hinten mit den Gräsern.

2. Shir Khans Kopf:
Der Kopf bekommt von vorne das hellbraune Ohrinnere, die graue Augenpartie, die hellbraune Nasenspitze mit den dunkelbraunen Nüstern und die weiße Mundpartie. Die feinen Einzelteile können Sie auch aufmalen.

Mit Hilfe der Vorlage fixieren Sie das Hinterbein mit der weißen Pfote auf der Grasfläche, darüber wird der Bauch und danach das orange Brustteil geklebt. Dann den weißen Brustfleck anbringen. Nun das linke Vorderbein mit der weißen Pfote fixieren, darauf die rechte orange Pfote mit dem weißen Pfotenteil ergänzen. Von vorne den vorgefertigten Kopf, von hinten den Schwanz ankleben. Das Muster des Felles wird mit einem schwarzen oder braunen Stift aufgemalt; für die restlichen Konturen einen schwarzen Stift verwenden.

Shir Khan hatte Mogli endlich entdeckt,
nun begann ein Kampf auf Leben und Tod -
aber auch hier war Mogli nicht allein:
Aus dem Unterholz stürmte Balu hervor
und warf sich todesmutig zwischen Shir Khan und Mogli.
Es sah ziemlich schlecht aus für den treuen Freund,
lebend aus diesem Kampf herauszukommen.

Mit Feuer gegen Shir Khan

Farben:
Anthrazit, Weiß, Hautfarben, Hellrot, Gelborange, Dunkelbraun, Hellbraun, Hellgrün, Curry, Braun

Vorarbeiten:
Die Fackel:
Hinter den oberen Teil des Holzstabes wird die gelborange Flamme geklebt; rote Flammenspitzen anbringen.

Von vorne bekommt Moglis Oberkörper den rechten Arm, von hinten den Haarschopf, den linken Arm und die rote Hose. Ergänzen Sie von hinten das linke Bein und von vorne das rechte Bein. Moglis Gesicht und seine Augen werden aufgeklebt. Nun in die rechte Hand das Unterteil der Fackel kleben. Beachten Sie beim Aufkleben, daß das Ende der Fackel auch auf der Bodenfläche fixiert wird.
Mit einigen Steinen dekorieren Sie den Boden und ergänzen das ganze Fensterbild mit Konturen.

Das kleine Mädchen aus dem Menschendorf (Abb. S. 32)

Farben:
Anthrazit, Hautfarben, Pink, Hellrot, Weinrot, Hellgelb, Hellblau

Vorarbeiten:
1. Kind:
Das pinkfarbene Kleid wird von vorne mit den beiden roten Streifen verziert.

2. Krug:
Dekorieren Sie auch den Krug.

Hinter das hellgelbe Bodenteil wird hellblaues Wasser geklebt. Jetzt von vorne das pinkfarbene Kleid anbringen. Von hinten wird das hautfarbene Schulterteil ergänzt, die rechte Hand am Boden fixiert. Das Gesicht, die linke Hand, die Haare, die Schleife und den Krug von vorne anbringen.
Mit einem schwarzen Stift das Gesicht vervollständigen und dem Kleid einige Falten aufmalen.

Plötzlich erdröhnte ein fürchterlicher Knall - ein Gewitter ging über dem Dschungel hernieder. Grelle Blitze erhellten den Kampfplatz, schlugen in die Bäume ein. Und da kam dem kleinen, tapferen Jungen eine Idee, wie er seinem treuen Freund zu Hilfe kommen konnte: Feuer! Das war das einzige, was Shir Khan fürchtete.
Und tatsächlich, ein brennendes Stück Holz trieb den schrecklichen Tiger in die Flucht. Mit lautem Gebrüll verschwand er im Unterholz - Mogli und Balu waren gerettet.

Mogli und Balu waren nun kurz vor ihrem Ziel,
Baghira gesellte sich zu ihnen, und gemeinsam ruhten sie am Fluß,
als sie plötzlich ungewöhnliche Laute hörten:
Ein leiser, wunderschöner Gesang lockte die drei ans Flußufer.
Es war ein junges Mädchen, das mit einem Krug Wasser holte.
Mogli war hingerissen - ein letzter Blick zu seinen beiden Freunden,
die ihn so treulich begleitet und beschützt hatten,
und dann folgte er dem Mädchen in sein Dorf,
ging zurück zu den Menschen.